AF278645

O²
ℓ
128

L'AGE DE LA PIERRE POLIE

AU CAMBODGE,

D'APRÈS LES DÉCOUVERTES DE M. MOURA,

Lieutenant de vaisseau,

Représentant de la France à Phnôm-Pênh ;

Par le Docteur NOULET,

Directeur du Musée d'histoire naturelle de Toulouse.

TOULOUSE

IMPRIMERIE LOUIS ET JEAN-MATTHIEU DOULADOURE

39, RUE SAINT-ROME, 39.

1877

Je détacherai des objets donnés par M. Moura, dont chacun offre un intérêt spécial, un groupe, qui ne peut manquer de piquer la curiosité de ceux qui suivent attentivement les progrès de l'archéologie préhistorique.

D'après des notes que M. Moura a mises gracieusement à ma disposition, les objets qui vont nous occuper proviennent d'un gisement de coquilles, depuis longtemps exploité, désigné, au Cambodge, sous la dénomination de Tom-roñg-Treng (*fabrique de chaux*), situé sur la rive gauche du bras du *Lac* (1) et un peu avant d'arriver à ce dernier.

« Le terrain où l'on trouve ces coquillages, dit M. Moura,
» est plat, mais il y a des collines assez rapprochées qui lui
» font une sorte de ceinture. L'amas coquillier est, au-dessous
» du sol, à des profondeurs qui varient de trois à quatre
» mètres. Son étendue est immense, et les Cambodgiens ont

(1) J'emprunte à la *Géographie du Cambodge*, par M. E. Aymonier, lieutenant d'infanterie de marine (Paris, E. Leroux, 1876), le passage suivant qui complétera le fragment tiré des notes manuscrites de M. Moura : « Le Mékong sort du Laos, où il reçoit des affluents impor-
» tants, et, par une série de chutes et de rapides à l'aspect terrible et
» grandiose, il se précipite dans son bassin inférieur en suivant à peu
» près une direction rectiligne du Nord au Sud. Puis, baignant de nom-
» breuses îles qu'il crée ou qu'il ronge de ses eaux jaunâtres et limo-
» neuses, il se dirige au sud-ouest jusque un peu au-dessus de Phnôm
» Pênh et prend ensuite au sud-est sa direction définitive vers la mer.
» A Phnôm Pênh il se divise en deux branches : Le *fleuve antérieur* qui,
» vers Vinh Long et Mytho, centres importants de la Cochinchine fran-
» çaise, se subdivise lui-même en cinq branches secondaires; et le
» *fleuve postérieur*, faible d'abord au Cambodge, mais qui, plus fort en
» Cochinchine, roule la masse d'eau la plus considérable. De Phnôm
» Pênh part un quatrième fleuve qui remonte au nord-ouest, et relie,
» après cent vingt kilomètres environ de cours, le Mékong à une mer
» intérieure que nous appelons le *Grand-Lac*. La longueur de ce lac est
» de cent vingt kilomètres sur une largeur moyenne de vingt kilomètres,

» ouvert des puits, espacés de plusieurs kilomètres les uns des
» autres, pour extraire des coquilles, dont ils font la chaux (1).

» Ces coquilles sont disposées par couches de quarante à
» cinquante centimètres d'épaisseur, alternant avec des lits
» d'argile d'égale épaisseur à très-peu près.

» La superficie de ce terrain est à six à sept mètres au-dessus
» des plus basses eaux du Lac. Lorsque le Mekong déborde,
» au mois d'octobre, tous les ans, ces terrains sont compléte-
» ment couverts. »

M. Moura ajoute que « l'on trouve pêle-mêle avec les coquilles
» des têtes et des os humains, ainsi que des crânes d'éléphant,
» des poteries, surtout des marmites; celles-ci sont fort épaisses
» et faites d'une terre d'aspect ferrugineux. On trouve égale-
» ment parmi ces coquillages des outils en pierre et des pièces
» de cuivre ayant la forme de raccords de tuyau de pompe,
» avec oreillettes; mais il est impossible de voir, à cause de
» l'oxydation, si la pièce est en deux parties, raccordées par
» un pas de vis, ou simplement à l'aide d'un ajustage quel-

» soit une superficie de deux mille quatre cents kilomètres carrés
» environ.

» La plus grande partie du Cambodge est régulièrement inondée chaque
» année par suite de la crue des eaux du fleuve.

» Les rives du fleuve, sur une largeur de quelques centaines de mètres,
» directement exposées à son action alluvionnaire, plus élevées que
» l'intérieur du pays, sont inondées en dernier lieu (*L. c.* p. 9 et 10).

L'inondation, commencée en juin, se prolonge jusque vers les premiers
jours d'octobre.

(1) M. E. Aymonier dit à son tour: « Les affluents du fleuve Tonlé
» Sap sont, à gauche : Le *Stung Chinit* ou *Prêk Sâmrong Sêu* qui arrose
» la province de Barai et traverse des forêts immenses. Sur le bord de
» ce cours d'eau, près de son embouchure, est un amas considérable de
» coquilles, employées à la fabrication de la chaux (*L. c.*, p. 22).

» conque. Ce dont on est bien sûr, c'est que ces pièces sont
» en cuivre façonné. »

D'après les exemplaires retirés du gisement de Tom-rong-Treng, situé près de l'embouchure et sur le bord du Stung-Chinit, province de Compong-Soai (1), qui nous ont été remis par M. Moura, les coquilles appartiennent à des mollusques ayant vécu dans des eaux douces. Il y en a d'univalves et de bivalves. Les univalves sont du genre *Paludine (Paludina)* et doivent être attribuées à la *Paludina Chalanguensis*, DESHAYES, déjà signalée, comme subfossile, à Stung-Chinit ; les bivalves rentrent dans les genres *Mulette (Unio)* et *Corbicule (Corbicula)* ; ce sont les *Unio Pazi* et *Unio scobinatus*, LEA, ce dernier ayant été également cité parmi les coquilles subfossiles du *Stung-Chinit*, ainsi que le *Corbicula Moreletiana*, PRIME (2).

Quant aux objets travaillés de main d'homme qui ont été trouvés gisant pêle-mêle avec ces coquilles, M. Moura n'en avait apporté que quatre en France, tous en pierre, dont il a disposé en faveur des collections préhistoriques du Musée de Toulouse. Je vais m'appliquer à les faire connaître en les accompagnant de dessins fort exacts, de grandeur naturelle. Parmi ces quatre pierres ouvrées et polies, deux rentrent complétement dans les types des Haches en pierre, longtemps appelées *Haches celtiques* par les antiquaires et vulgairement désignées sous les dénominations de *Pierres de foudre*, *Pierres de tonnerre*.

(1) M. Aymonier (*Géogr. du Cambodge*) écrit *Kampong Svai*.

(2) MM. Crosse et Fischer, Directeurs du *Journal de Conchyliologie*, qui ont récemment résumé les divers travaux publiés sur les mollusques fluviatiles recueillis au Cambodge (*Journ. de Conchyl.*, 3e série, tom. XVI, 1er oct. 1876), ont bien voulu déterminer spécifiquement les coquilles qui viennent d'être citées.

Au rapport de M. Moura, on les nomme aussi *Pierres de foudre* au Cambodge.

La première de ces Haches, pl. 1, fig. 2, a soixante-six millimètres de long et vingt millimètres dans sa plus grande épaisseur. Elle est triangulaire et va en s'atténuant rapidement du taillant, à courbure peu prononcée, large de quarante-sept millimètres à l'extrémité amincie, qui ne mesure que vingt et un millimètres.

La deuxième Hache, pl. II, fig. 2, est longue de cent huit millimètres et progressivement atténuée depuis son extrémité tranchante, à peine convexe, jusqu'à son extrémité opposée qui est arrondie. Elle mesure cinquante-trois millimètres de long et seize millimètres d'épaisseur. Sa disposition aplatie la rapproche de certains types sous-pyrénéens tirés de cailloux roulés affectant la forme générale des outils qu'ils ont servi à façonner.

La troisième Hache, pl. I, fig. 1 et fig. 1 *bis*, a son taillant creusé en gouge, offrant ainsi une ressemblance frappante avec les *gouges* en pierre de la Suède et du Danemark. Cette belle pièce est légèrement ovalaire; son grand diamètre a cent six millimètres de long et son petit diamètre cinquante millimètres. Son maximum d'épaisseur est de trente millimètres. La roche qui a servi à la tailler est un pétro-silex d'un gris cendré.

Si les trois premiers objets en pierre polie que je viens de décrire peuvent être rapportés, sans laisser aucun doute dans l'esprit, à des types déjà connus, il n'en est pas de même du quatrième : celui-ci, en effet, présente une forme qui n'a pas été encore, que je sache, signalée parmi les nombreux spécimens d'archéologie préhistorique publiés jusqu'à ce jour (1).

(1) Il mérite néanmoins d'être comparé à une Hache de la Lithuanie, figurée dans un Mémoire de M. J.-R. Aspelin, sur l'*Age de la pierre des régions finno-ougriennes* (*Comptes rendus de la sessions du Congrès in-*

Ce type, pl. II, fig. 1 et 1 *bis*, consiste en une tête de hache carrée, à tranchant très-légèrement courbe. Cette portion est supportée par une sorte de soie quadrangulaire, qui va en s'atténuant légèrement vers sa terminaison. Cet appendice, long de quatre-vingt-treize millimètres, donne à cet outil l'aspect d'un ciseau à manche taillé dans la pierre même, qui aurait permis de le fixer dans un manche ou de le tenir commodément dans la main. La portion élargie, façonnée en taillant aigu, a cinq centimètres en travers.

Les deux haches et le dernier objet décrit sont en pierre dure et pesante, d'un brun très-foncé et d'apparence schistoïde.

Ainsi, des quatre pierres taillées et polies du gisement de Tom-rong-Treng, trois rentrent incontestablement dans des types européens, et, chose remarquable, elles portent, au Cambodge, ainsi que nous l'avons déjà dit, d'après M. Moura, la même qualification de *Pierres de foudre*, que nous donnons aux objets similaires retirés de nos stations paléolithiques.

On sait, surtout depuis que le royaume du Cambodge a été placé sous le protectorat de la France, en 1864, que le bassin inférieur du Mékong est une conquête alluvionnaire de ce grand fleuve sur la mer, la plus grande portion du Cambodge se trouvant régulièrement inondée, chaque année, par suite de la crue des eaux du fleuve. Ces inondations suffisent à expliquer la formation des dépôts successifs de vase et de coquilles de

ternational tenu à Stockholm en 1874). Dans le type lithuanien, la portion supérieure et tranchante, au lieu d'être taillée carrément, arrive, graduellement, par une double courbure, à être très-atténuée jusqu'à son extrémité.

Tom-rong-Treng, et l'on comprend l'énorme quantité de coquilles qui a pu être ainsi accumulée par la suite des temps, en se rappelant avec quelle étonnante rapidité se multiplient, dans nos eaux douces d'Europe, les espèces de mollusques congénères de celles du Mékong et de ses affluents.

Au double point de vue de l'ethnographie et de la paléontologie, il restera à interpréter les restes humains, ainsi que les ossements d'animaux, qui accompagnent ces coquilles. Nous pouvons compter, pour compléter cette intéressante étude, sur la promesse que M. Moura nous a faite, en nous quittant pour aller reprendre son poste de représentant de la France auprès du roi du Cambodge, d'augmenter, autant qu'il serait en son pouvoir, la collection préhistorique du bassin du Mékong, qu'il a si libéralement inaugurée au Musée d'histoire naturelle de Toulouse.

Arrivant aux conclusions à tirer de la présence d'objets en pierre travaillés dans le gisement de Tom-ron-Treng, nous dirons qu'il est inutile d'insister, plus que nous ne l'avons fait, pour démontrer qu'ils doivent être attribués à cet âge que l'on admet généralement sous les dénominations d'*Age de la pierre polie* ou d'*Age néolithique*. Néanmoins, la présence du cuivre, également travaillé, signalée par M. Moura dans ce même gisement, conduit à rajeunir l'époque à laquelle ces objets ont appartenu et à les considérer comme caractérisant les derniers temps de la pierre polie et pouvant servir de transition entre l'*Age néolithique* et celui du *Bronze*, ainsi que cela a été proposé pour des stations européennes qui ont offert de semblables mélanges.

Mais avant de se prononcer définitivement sur les rapprochements à établir entre ce qui s'est passé au Cambodge et ce qui a eu lieu en Europe, il faudra se résoudre à attendre que des observations directes, recueillies avec un très-grand soin, aient fourni les éléments d'une complète discussion.

Quoi qu'il en soit, il n'en restera pas moins établi qu'à M. le lieutenant de vaisseau, J. Moura, revient l'honneur d'avoir le premier attiré l'attention du monde savant sur l'archéologie préhistorique de l'Indo-Chine.

Toulouse, janvier 1877.

Toulouse, imprimerie Louis et Jean-Matthieu Douladoure, rue Saint-Rome, 39.

1
1 bis
2

1

1bis

2

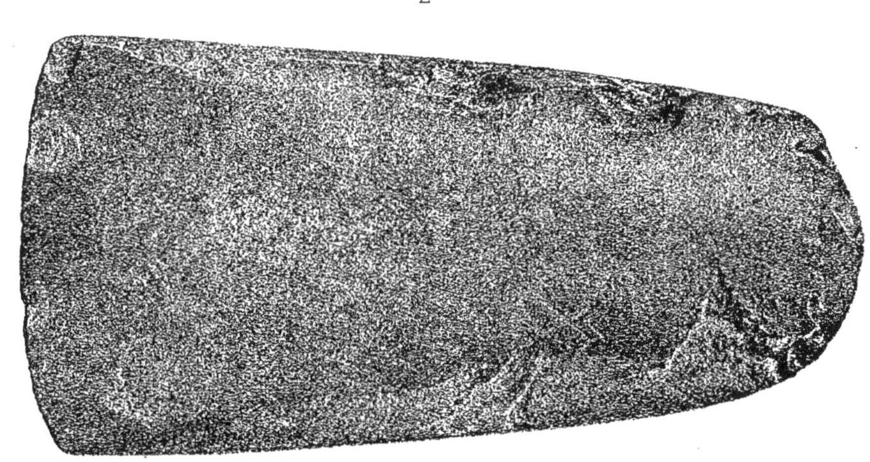